44

Lb 641.

AU PEUPLE

FRANÇAIS,

Par J. LAVAUD (de Bordeaux),

SUIVI

DU PORTRAIT DU TYRAN BUONAPARTE,

TRACÉ EN 1797 ET 1798,

PAR DES HOMMES CÉLÈBRES.

» Je ne trouve les Rois heureux qu'en ce qu'ils ont le
» pouvoir de faire le bien. »

CHARLES V, dit LE SAGE.

PARIS,

De l'Imprimerie de J. L. SCHERFF, rue du Caire,
N°. 22.

1814.

« Qu'il règne pour notre bonheur, et il
» régnera pour sa gloire. Que son unique
» ambition soit de rendre ses sujets heureux;
» que son titre le plus chéri soit celui de
» roi bienfaisant et pacifique ! »

MASSILLON (Petit-Carême.)

AU PEUPLE

FRANÇAIS.

FRANÇAIS!

Enfin, le moment est arrivé; vos chaînes sont tombées, et vous n'avez plus à cacher vos vœux ni vos sentimens. La France en délire a pu commettre des fautes; mais une nation grande et généreuse peut toujours es réparer.

Buonaparte n'a régné sur nous que par notre faiblesse et l'adulation de ceux qui l'entouraient. Roi sans naissance et sans patrie (1), il aurait pu, par sa conduite, nous le faire oublier; car il n'est rien de si beau que de se créer soi-même, et de ne devoir qu'à soi sa noblesse et sa gloire; mais

____

(1) Il n'est plus rien, la Corse même le désavoue.

vous savez tous, Français, les promesses mensongères qu'il nous fit en s'emparant du trône. Vous l'avez vu dévoré d'une ambition insatiable, épuiser toutes nos finances, égorger plus de dix millions de vos concitoyens, répandre des torrens de sang et de larmes, couvrir la France entière d'un crêpe funèbre, et mettre en deuil toutes nos familles, qui demandent, avec le cri de la douleur et du désespoir, leurs frères, leurs époux, leurs pères, leurs enfans; et vous-mêmes, ne pouviez-vous pas vous dire : *Encore quelques jours, et nous ne serons plus.* Abandonnez-le donc à l'infâme cortège de ses horreurs et de ses attentats. Il naquit du crime, il vécut du crime, et il ne laissera que des crimes. Tyrans du monde, sortez de vos tombeaux, n'ayez plus à rougir de vos forfaits; un tyran plus odieux encore, les a tous surpassés.

Si votre cruel oppresseur pouvait renaître de ses cendres, qu'alors tous les Français s'unissent aux SOUVERAINS ALLIÉS, que tous s'empressent de l'anéantir, que tous, avec nos magnanimes libérateurs, aillent achever la paix et le bonheur du monde !

Français, c'est aujourd'hui que vous pouvez travailler à votre bonheur ! que les ames grandes et courageuses se rallient, que l'honnête homme, trop souvent timide, se rassure ; que tous les Français s'arment de courage. Que dis-je ! suivons tous l'impulsion de nos cœurs : Demandons ! Demandons notre Roi ; lui seul peut essuyer nos larmes !

S'il en était parmi nous quelques – uns d'incertains sur leur détermination, que ceux-là apprennent la conduite de Bordeaux, de Lyon, et de toutes les grandes villes qui les ont imitées ; qu'ils sachent que trois cent mille hommes entourent Paris, et que douze cent mille hommes sont en France pour protéger nos vœux et nos sentimens.

Français ! quel Gouvernement voulez-vous ? Le républicain ne vous a-t-il pas appris qu'en voulant vous rendre libres, on vous donnait de bien pesantes chaînes ? Tour-à-tour n'avez-vous pas été opprimés sous une infinité de régimes, et n'avez-vous pas été victimes de votre bonne-foi et de ceux qui vous trompaient? Est-ce le Gouvernement despotique? le Souverain ne régnera que par la terreur et l'anarchie; alors cherchez un nouveau tyran. Est-ce le Gouvernement militaire, qui en apprenant à une nation bonne et sensible (2) à verser le sang, vous apprendra aussi à égorger vos frères et à les piller dans votre impuissance. Si vous n'avez encore fait un retour sur vous-mêmes, cherchez un second Napoléon, pour qu'il se gorge du sang qui nous reste. Non Français, vous voulez le Gouvernement monarchique; c'est le seul qui vous convient c'est aussi le plus paternel; vous avez déjà demandé votre Roi; quelques efforts de plus, et il est parmi vous. C'est dans votre cœur qu'il élévera à sa gloire des monumens durables; c'est en venant parmi vous qu'il

» vous dira :« Mes bien bons amis, je suis le
» vrai père de mon peuple, je lui ferai tant
» de bien que je le forcerai de m'aimer.

---

(2) La nation française.

» *Votre fidélité et votre amour,* c'est la
» seule vengeance que je prendrai de vous.
» Je peux tout , car je ne veux jamais que
» ce que je dois ,et la France (*me vadra*) me
« vaut ce que je veux. Vous ne voyez pas
» tout. Comptez-vous pour rien la cause
» que nous défendons ; et Dieu qui combat
» pour nous (3)? *Il dira à ses sujets de*
» *diverses sectes :* je ne forcerai la cons-
» cience du moindre de mes sujets (4). *Il*
» *dira aux représentans de la nation :* je
» vous ai appelé pour prendre vos avis ; je
» suis bien éloigné de me croire infaillible :
» dites-moi mes fautes, je ne rougirai
» jamais de m'instruire avec ma famille (5).
» *Il dira à ses ministres :* Je veux que mon
» peuple soit riche, je veux qu'il soit con-
» tent. Mon peuple est tout pour moi ; hé !
» si on le ruine, qui me nourrira ? qui sou-
» tiendra les charges de l'état ? Vive Dieu !

----

(3) Toutes ces paroles sont du bon Henri IV.
(4) Idem.
(5) Ibidem.

» s'en prendre à mon peuple, c'est s'en
» prendre à moi (6) : *ne savez - vous pas*
» *qu'un* bon pasteur ne saurait trop en-
» graisser son troupeau (7). *Il dira à ses*
» *magistrats :* suivez toujours la loi dans
» le jugement des procès, malgré l'ordre
» contraire du monarque (8). *Il dira à ses*
» *courtisans :* j'aime mieux *vous* faire rou-
» gir de mon avarice, que de faire pleurer
» mon peuple de mes profusions (9). *Il dira*
» *à ses soldats :* sauvez, soulagez, consolez
» les vaincus, épargnez le sang, et surtout
» le sang français, plus d'ennemis, plus
» de gloire (10) ! *il dira à ses ennemis :* he !
» qu'ai-je besoin de secours au milieu de
» mes enfans ? ai-je mérité de les crain-
» dre (11) ? *il dira enfin à l'Univers :* je

----

(6) Ibidem.
(7) Paroles de Louis XII, le père du peuple.
(8) Idem.
(9) Ibidem.
(10) Toutes ces paroles sont du bon Henri IV.
(11) Idem.

» ne trouve les Rois heureux qu'en ce qu'ils
» ont le pouvoir de faire le bien ! (12) »

Recevez votre Roi ; il se montrera digne d'être votre père ! Le commencement de son règne vous rappelera celui d'HENRI IV ; il règnera par sa clémence. La continuité de son règne vous rappelera celui de CHARLES V ; il règnera par sa sagesse. La fin de son règne vous rappelera celui de LOUIS XII ; il règnera sur nos cœurs par ses bontés, et il méritera comme lui d'être notre père, *le bon Roi Louis*, *le père du peuple*. (13)

Quelle autre garantie, Français, voulez-vous de votre bonheur ? Notre Roi n'a-t-il pas vu, dans un lointain de douleurs, les maux et les calamités qui ont pesé si longtems sur la France ? et n'a-t-il pas pu apprendre à l'école du malheur à nous rendre heureux ?

La paix, la prospérité et le bonheur

(12) Paroles de Charles V, dit le Sage.
(13) Cri du peuple à la mort de Louis XII.

que vous goûtâtes sous le règne du bon , du clément, du vertueux et de l'auguste Louis XVI , et que nos pères goûtèrent si souvent sous les Bourbons, vous sont promis ; ses mânes planent sur la France : ils viennent de vous porter l'espérance , achevez votre bonheur !

Les magnanimes Souverains Alliés que le tyran usurpateur voulait asservir, ont enfin atteint leur plus noble but. Ne les avez-vous pas entendu s'écrier dans l'enthousiasme de leur tendresse : *enfin, le sang va cesser de couler* (14)? leur gloire n'est-elle pas de rétablir et de conserver, lorsque Napoléon ne voulait qu'enchaîner et détruire ? ils oublient leur juste haine, leur ressentiment et tous leurs motifs de vengeance , pour nous montrer qu'ils sont Monarques et pères ; leur clémence et leur générosité n'ont point

----

(14) Paroles de l'Empereur de Russie et du Roi de Prusse en apprenant, sous les murs de Paris , la capitulation avec la Capitale.

de bornes : notre reconnaissance doit être sans mesure. Heureux les peuples qui ont de tels Souverains ! c'est un bienfait de Dieu dans sa bonté, tandis que le Corse était un châtiment qu'il nous avait donné dans sa colère ; et puisque nous participons à leur bonheur, accompagnons nos libérateurs des bénédictions de toute la France.

Français ! demandez donc votre Roi, et il viendra briser vos chaînes, abolir tout ce qui s'oppose à vous rendre heureux, prospères et paisibles. Il vous dira comme l'auguste gendre et neveu de Louis XVI (15), en entrant dans Bordeaux ; *l'oubli du passé ! le bonheur de l'avenir ! plus de tyrans ! plus de guerre ! plus de conscription ! plus d'impôts vexatoires !* Nous irons tous le saluer comme notre Roi et notre père ; et dans des concerts unanimes d'allégresse, nous exprimerons tous notre éternelle reconnais-

____

(15) S. A. R. le duc d'Angoulême.

sance envers les SOUVERAINS ALLIÉS, nos
magnanimes et généreux libérateurs.

Vive les SOUVERAINS Alliés !

Vive LOUIS XVIII !

Vive les BOURBONS !

J. LAVAUD (de Bordeaux).

*Paris, le 31 Mars, premier jour
de notre délivrance.*

PORTRAIT

DU TYRAN BUONAPARTE.

Lorsque j'étais à Bordeaux, le Corse faisait chercher toutes les brochures en faveur du Saint-Père, ainsi que toutes celles contre le tyran et sa tyrannie. Il a voulu partout les faire détruire; mais nous en avons conservé des exemplaires.

S'il peut y avoir encore, parmi les Français, quelques *Buonapartistes,* qu'en apprenant la conduite antérieure de cet infâme scélérat, qui n'était (*tu n'es*) *qu'un misérable flibustier continental* (16), *qui portait sur son visage la couleur et la strangurie du crime* (17), *et qui tenait d'une*

---

(16) Correctif à la gloire de Buonaparte, ou Lettre à ce général. *Venise et Paris, chez l'Enfant;* an VI, page 11; (1798).

(17) Danican.

main la torche d'*Erostrate*, et de l'autre le
sabre de *Genseric* (18) ; que tous, dis-je
le couvrent de la plus noire infamie, et de
la plus grande indignation.

*Voici le portrait de Buonaparte, tracé par
Mallet du Pan, en 1797 :*

« *Le parti Français* se prosterna devant
» le Directoire avec le sacrifice de son
» amitié, sans considérer qu'un seul sacri-
» fice pouvait le satisfaire, celui des consti-
» tutions, de l'indépendance et des richesses
» de la Suisse. Buonaparte, en Italie, se
» chargeait de le démontrer ; écrivant sur les
» ruines de Gênes et de Venise la sentence
» des États-Neutres, il divulguait à l'Europe
» les mystères du Luxembourg (19). Tant
» d'audace et de perfidie, une hypocrisie
» si lâche, combinée avec des usurpations
» si effrontées, dénonçaient la dissolution
» de tout systême social. Révolutionnaire

––––––––––––––––––––––––––––

(18) Mallet du Pan.
(19) Du Directoire.

(15.)

» par tempérament, conquérant par subor-
» dination, injuste par instinct, outrageux
» dans la victoire, mercenaire dans sa pro-
» tection, spoliateur inexorable, acheté par
» les victimes dont il trahit la crédulité;
» aussi terrible par ses artifices que par ses
» armes, déshonorant la valeur par l'abus
» réfléchi de la foi publique, couronnant
» l'immoralité des palmes de la philosophie
» et l'oppression du chapeau de la liberté,
» cet indigne Corse portait d'une main la
» torche d'Erostrate, et de l'autre le sabre
» de Genseric ».

Dans une autre brochure publiée en 1798,
par le brave général Danican, on lit ce
passage remarquable sur l'exécrable Napoléon.

« La prise de Malte, par Bonaparte,
» explique parfaitement comment ce grand
» homme est parvenu à remporter de si
» nombreuses victoires (20).

---

(20) Nous le ferons savoir ; nous ferons aussi con-
naître comment il s'est esquivé d'Egypte.

« Lorsque ses campagnes d'Italie seront
» bien connues, lorsqu'on démêlera les
» épouvantables intrigues qui lui ont livré
» tant de places fortes, au lieu de l'appeler
» un héros, on le regardera comme un
» escroc. On sera convaincu que le pré-
» tendu grand homme ressemble à l'aiguille
» qui marque les heures, tandis que la
» fraude et l'étonnante perfidie des Jacobins
» réunis dirige le mouvement. On verra que
» ce vilain Corse, qui porte sur son visage
» la couleur et la strangurie du crime, n'est
» autre chose que le *Poinsinet* de la gloire
» et la superfétation immonde de la Révo-
» lution française. »

FIN.